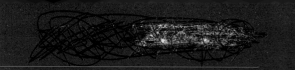

Illustration de couverture: Michel Raby

Nous remercions la Fondation Le Corbusier
à Paris pour sa collaboration

© ÉDITIONS LA JOIE DE LIRE. 8 COURS DES BASTIONS. CH-1205 GENEVE
© 1994 PRO LITTERIS ZURICH POUR LES REPRODUCTIONS PAGES 30-31
TOUS DROITS RESERVÉS POUR TOUS PAYS
ISBN 2-88258-000-2. OCTOBRE 1994. DEUXIÈME ÉDITION
IMPRIMÉ EN ITALIE PAR LA EDITORIALE LIBRARIA, TRIESTE

COLLECTION
«CONNUS, MÉCONNUS»

CORBU COMME LE CORBUSIER

FRANCINE BOUCHET
MICHÈLE COHEN
MICHEL RABY

LA JOIE DE LIRE

L'architecte, comme un compositeur,
imagine et dessine la maison.
Comme un chef d'orchestre,
il dirige sa construction.

Voici l'histoire de l'un d'entre eux.

Charles-Edouard Jeanneret, dit Le Corbusier, dit Corbu,
ne trouvait pas les maisons de son époque à son goût.

"Il faut que je trouve autre chose!"

— Des fenêtres comme ça, grand-père, il y en a partout!
— Oui, mais quand j'étais petit, ça n'existait pas!

Pour construire ses maisons, Le Corbusier a choisi le béton.

Habiter, oui, mais habiter bien! Il faut de la lumière, de l'espace, des meubles confortables et beaux... et la nature tout autour.

A l'extérieur aussi, le confort a son importance.

Le Corbusier avait beaucoup d'idées nouvelles.
Il voulait qu'on l'écoute.

Méfiants, les gens pensaient : "Quel prétentieux ! Pourquoi changer, on a toujours fait comme ça..."

Quelles dimensions choisir pour les portes, les fenêtres, la hauteur des plafonds?

Il faut partir des mesures du corps humain, répond Le Corbusier.
— Modulor, c'est ainsi que j'appellerai mon nouveau système de mesure.

Un jour, il imagina...

...un immeuble qui serait comme un paquebot.
On y trouverait tout ce qu'il faut pour vivre :
des commerçants, un théâtre, un hôtel pour la famille de passage.

Un immeuble qui aurait des escaliers et des couloirs très accueillants,
et même une école maternelle sur son toit.
Il existe un immeuble de ce genre à Marseille.

Le Corbusier nous apprend que grâce au béton, murs et façades peuvent monter à toute vitesse. Il montre aussi qu'on peut aménager chaque étage librement, selon les besoins de chacun.

Cette nouvelle manière de construire
va donner des idées à d'autres architectes.
Dans les villes, les immeubles poussent comme des champignons.

Construire des maisons sur pilotis et aménager leur toit en terrasse...

voilà ce qu'avait encore imaginé Le Corbusier pour gagner de la place.

Piétons et voitures ne sont pas faits pour vivre ensemble.

Trouvons les meilleures solutions pour organiser les villes, afin que les habitants s'y trouvent bien.

Le Corbusier a dessiné des villes nouvelles.

Il a construit celle de Chandigarh, en Inde.

Je vous invite à une promenade architecturale à Ronchamp,

autour de l'église que j'ai bâtie.

Deux figures en gris

La dame au chat et à la théière

Tout au long de sa vie, Le Corbusier a peint et sculpté.

Je rêvais

Divinité marine

Icône

1887
Naissance de Charles-Edouard Jeanneret
dit "Le Corbusier"
à La Chaux-de-Fonds, en Suisse

Ses principales constructions
La Villa Savoye à Poissy
(1929, France)
Le pavillon de la Suisse à la Cité Universitaire
(1933, France)
La Cité radieuse à Marseille
(1947, France)
La Ville de Chandigarh
(1952, Inde)
L'église de Ronchamp
(1950, France)

Ses principaux livres
La Charte d'Athènes
(1943)
Manière de penser l'Urbanisme
(1945)
Le Modulor
(1949)

Il se noie dans la Méditerranée
le 27 août 1965